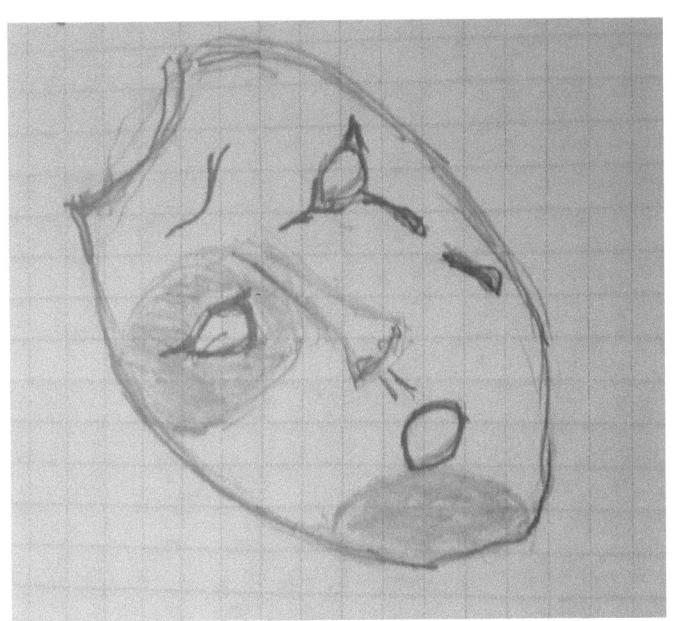

Über das Leben, die Liebe, die Wahrheit und die Welt

Harlekin Pierrot

Über das Leben, die Liebe, die Wahrheit und die Welt

Harlekin Pierrot

Bibliographische Information der Deutschen Nationalbibliothek

Die Deutsche Nationalbibliothek verzeichnet diese Publikation in der deutschen Nationalbibliographie, detaillierte bibliographische Daten sind im Internet über http://dnb.dnb.de abrufbar.

Herstellung und Verlag

BoD - Books on Demand, Norderstedt

ISBN 9783749429455

Harlekin

Der Mensch mit der Maske!

Er sagt die Wahrheit (im Humor)!

Er hält den Menschen den Spiegel vor!

Er verbirgt seine wirklichen Gedanken!

Warum?

Er ist verletzt!

Es tut ihm weh!

Er liebt und behält es für sich!

Er ist ein Harlekin…

…müde vom Kampf – hinter einer Maske sieht man die
Narben und Verletzlichkeit nicht, sie verbirgt!

Ich bin ein Harlekin!

Pierrot

Die Liebe hinter der Maske, …

Er liebt…

Er sagt es nicht und sieht dabei zu…!

Er verbirgt seine wirklichen Gedanken!

Es tut ihm weh!

Es verletzt ihn…!

Er ist Pierrot!

…traurig von der unerfüllten Liebe – hinter der Maske erkennt

man die Spuren und den Schmerz nicht, sie verbirgt!

Ich bin ein Pierrot!

Ich bin Harlekin Pierrot!

Harlekin Pierrot

Ich bin Harlekin Pierrot, der zweifelhafte Held... manchmal

voll Zweifel und Angst und doch:

Ich sage den Menschen die Wahrheit, halte Ihnen distanziert

den Spiegel vor, schlage eine Wollte, um Ihnen die

Fehlbarkeit zu zeigen, den Finger in die Wunde, da die Maske

schützt!

Ich liebe mit Leidenschaft, werde selten erhört, bin der

unglückliche Liebhaber, der Freund, der für alles da ist,

friedlich, hilfsbereit, die Maske verbirgt alles, sie schützt!

Ich bin Harlekin Pierrot, der zweifelhafte Held!

Der Tanz des Pierrots

Gefühl, Melancholie, Trauer, die Maske verpackt es,

Keiner sieht es und doch ist es da!

Die Tränen, sie laufen im Inneren, sie versiegen nicht!

Der Pierrot tanzt seinen ewigen Tanz!

Gedanken

Ich denke an Wahrheit.

Was ist Wahrheit?

Wahrheit ist sich für etwas entscheiden!

Ist Wahrheit sich für etwas zu entscheiden?

Wahrheit ist für Menschen da zu sein!

Ist Wahrheit für Menschen da zu sein?

Wahrheit ist sich für Menschen einzusetzen!

Ist Wahrheit sich für Menschen einzusetzen?

Wahrheit ist eine Wirklichkeit!

Ist Wahrheit eine Wirklichkeit?

Wahrheit ist ein seltenes Gut!

Ist Wahrheit ein seltenes Gut?

Wahrheit bedeutet Opfer!

Bedeutet Wahrheit Opfer?

Wahrheit bedeutet Ehrlichkeit!

Ist Wahrheit Ehrlichkeit?

Wahrheit ist Liebe!

Ist Liebe Wahrheit?

Wenn also Wahrheit Liebe ist, ist es eine Entscheidung!

Kreisbewegung der Liebe

Liebe ist eine Kreisbewegung.

Sie bewegt sich um einen Menschen –

in Gedanken,

in Taten,

in Worten

und man beginnt ganz vorsichtig

und bewegt sich um den Menschen

und tastet in worten

und fühlt in Gedanken

und liebt mit Taten

und die Kreisbewegung wird enger

das Tasten wird stärker,

das Fühlen wird intensiver,

die Liebe entfaltet sich!

...da streck sich der geliebte Mensch entgegen

Und gemeinsam bewegt man sich,

der Kosmos umkreist einen,

die Sterne sagen:

Fühle mit Worten!

Fühle in Gedanken!

Fühle mit Taten!

Und wenn Ihr es gemeinsam fühlt ist es die vollendete

Kreisbewegung der Liebe!

Vernunft

Vernunft – das ist wichtig wird man gelehrt!

Vernunft ist rational!

Vernunft – da steht man fest auf zwei Beinen!

Vernunft das ist sicher!

Ist man immer sicher?

Oh ja, sagen die einen!

Nein, sagen die anderen!

Wären wir vernünftig, gäbe es keine Liebe – denn Vernunft

und Unvernunft ist wichtig!

Die Rationalität des Lebens

Lernen vernünftig zu sein bestimmt das Leben.

...Ich will nicht immer vernünftig und rational sein, denn so rational, vorrausschauend, planend verläuft das Leben...

...ich kann es nicht mehr!
...ich will es anders!

Freundschaft

Ich frage oft was Freundschaft auszeichnet!

Ist es für einen Menschen?
Ist es für mich selbst?
Ist es für eine Sache?

Es ist für einen Menschen!
Es ist für mich selbst!
Es ist für eine Sache!

Freundschaft ist das schönste Geschenk, das man einem
Menschen machen kann, denn man teilt...
...Freude, Leid, Trauer, Liebe,...

Und wird dadurch frei – denn Teilen ist das edelste Gut!

Das Leben

Leben kann leicht sein,

Leben kann schön sein,

Leben kann lustig sein,

Leben kann wahrhaftig sein!

Ist es das – meistens ja – und es soll so sein!

Leben ist auch schwer,

Leben ist auch nicht schön,

Leben ist auch traurig,

Leben ist wahrhaftig!

Das ist es – meistens – und es soll so sein!

Frei

Frei und Unfrei!

Bist du frei? Frei bin ich bei Dir!

Wer bist Du, der mir die Freiheit bringt?

Bist du das Schicksal?

Bist du mein Leben?

Bist du ein Freund?

Bist du ein Feind?

Ich muss es erleben – dann bin ich frei!

Zwei Seelen

In meinem Kopf zwei Seelen

Die gute, die…

liebt,
teilt,
fühlt,
gibt   und verletzlich ist!

Die böse, die…

hasst,
nicht teilt,
kalt ist,
nimmt und verletzt!

Sie gehören zu mir, sie zeichnen mich aus. Solange sie im
Gleichgewicht sind bin ich sicher!
        Ich bin nicht mehr sicher!

Zwei Menschen – zwei Welten

Es trafen einander zwei Menschen –

Sie waren grundverschieden,

sie sahen sich und wussten nicht!

Sie gingen ihrer Wege und lebten in ihren Welten…

Doch plötzlich trafen sie sich durch einen Zufall…!

Sie sahen sich an, sie sprachen miteinander und merkten zwei
Welten!

Die Wissenschaft, das Rationale, der glasklare Verstand –
messerscharf und nicht ins Wanken zu bringen!

Das Gefühl, die Wut, die Liebe, die Wahrhaftigkeit von
Sprache und Wort, das Ausdrücken mit Gestik und Mimik….!

Sie sehen sich an, aus ihren Augen spricht das Verlangen die
Welten aus den Angeln zu heben…

Sie sind klein und mischen ihre Welten und können es kaum
begreifen, was sie verbindet!

Die Wissenschaft wankt und wird vom Gefühl verdrängt…

… die Welten verschwimmen, sie sind nicht mehr klar!

Die Augen, die lodern vor Feuer…die Welten versinken!

Zerrissen

Ich schaue in den Spiegel – mich sehen meine grau-blauen

Augen an. Die ersten Falten und Furchen im Gesicht.

Der Morgen nach einer kurzen Nacht. Gedanken über den

beginnenden Tag. Rational, geordnet, strukturiert.

Das kalte Wasser im Gesicht.

Wieder sehen mich meine grau-blauen Augen an –

Wilde Gedanken – emotional, verrückt, die Freiheit suchend –

irrational.

Ich wende mich ab –

Zerrissen, nichts ist wie es ist, alles ist anders.

Ein prüfender Blick – die grau-blauen Augen blicken ein

weiteres Mal...

Suchend, fragend, forschend –

Zerrissen, nichts ist wie es ist, alles ist anders!

Der Tag beginnt, das Rationale beginnt – die grau-blauen Augen sehen das Leben vorbeiziehen und innen tobt der Sturm!

Zerrissen, nichts ist wie es ist, alles ist anders.

Zerrissen!

Ein Augenblick des Lebens

Ein Augenblick - das Leben zieht seine Furche…

Ich blicke und sehe…

Menschen, die ich kenne,

Menschen, die ich liebe,

Menschen, die mir Vertrauen,

Menschen die glauben dass ich kann!

Nein, es ist anders, …

Menschen, die ich nicht kenne,

Menschen, die ich nicht liebe,

Menschen, die mir nicht vertrauen,

Menschen, die nicht glauben, dass ich kann!

Alle sind da und erwarten die Zukunft…

Ich blicke verloren, denn zwei Welten sehen mich an – in

einem Augenblick!

Schweigen

Wer nicht mit mir Schweigen kann, kann auch nicht mit mir reden so sagt man.

Manchmal kann ich aber das Schweigen nicht ertragen.

Es zermürbt, macht mich unsicher, lässt mich zweifeln, ich weiß dann nicht mehr…

Aber auch ich schweige, habe Angst, bin unsicher, habe Zweifel…

Schweigen zermürbt, denn nichts ist mehr so wie es war, nichts ist mehr so wie es ist….

Ertragen muss man viel, also werde ich das Schweigen ertragen, so lange wie das Schweigen dauert!

Vier Fragen – keine Antwort

Wo bin ich?

Wer bin ich?

Was bin ich?

Warum bin ich?

Alles Fragen, die sich leicht beantworten lassen?

Nein – doch – ich weiß es nicht!

In einer Welt – mal hier direkt und rational, wissenschaftlich,

sortiert und strukturiert –

Indirekt, irrational, emotional, unsortiert, unstrukturiert… in

einer anderen Welt!

Weiß ich nicht,… ein Harlekin,… ein Pierrot?

Weil ich das erleben soll, mein Schicksal hat es mir

aufgetragen. Ich soll diese Zerrissenheit ertragen, die zwei

Welten, das Lieben, bangen Hoffen, Schweigen, Lachen,

Weinen.

Ist das eine Antwort? Ich weiß es nicht… wie so vieles!

Zuhören

Das Zuhören ist manchmal schwer.

Es zeigt oft die Realität.

- Wahrheit und doch keine Wahrheit!

Leben und doch kein Leben!

Liebe und doch keine Liebe!

Freude und doch keine Freude!

... das Zuhören zeigt wirklich woran man ist...höre es!

Krieg

Neulich fragt mich ein Kind: „Haben wir Krieg?"

Ich war überrascht ob der Frage –

Hier ist alles friedlich, draußen singen die Vögel –

Doch dann verfiel ich ins Nachdenken...

Menschen auf der Flucht,

Bomben auf Städte im Nahen Osten,…

Angriff auf Stellungen in der Ostukraine,…

Anschläge in Nizza, Paris und Berlin…

Ein Kaleidoskop an hässlichen Bildern,…

… natürlich haben wir Krieg, nur keiner bemerkt ihn!

Was fühlst Du?

Bilder, Situationen, Gedanken...
In dieser Zeit zeigt sich viel, die Medien verbreiten es...man
wird stumpf!

Leid, Not, Verletzungen sind ja weit weg, der Bildschirm
schützt uns, man kann wegschalten.

Doch plötzlich Menschen in unserer Mitte...
Sie erzählen, sie zeigen, sie fühlen...

Da wird die Stumpfheit zur Ablehnung...aber man kann nicht
wegschalten:

Das Herz begehrt auf und schreit: NEIN!
Der Verstand beginnt zu arbeiten und schreit: NEIN!

Das sind Menschen wie wir, sie brauchen Hilfe und
Unterstützung!

Werdet NICHT stumpf, sondern zeigt Menschlichkeit und
Courage! Denn Ihr sein einmal auch Flüchtlinge!

Spiegel

Ich sehe mich – ich sehe mich nicht;

Ich kenne mich – ich kenne mich nicht;

Ich fühle mich – ich fühle mich nicht!

Wer bin ich – wer soll ich sein?

Ich kann mich nicht sehen – ich kann mich sehen;

Will ich mich sehen? Der Spiegel der Seele sieht mich, ob ich

will oder nicht!

Kaputt

Alles ist kaputt…

Der Blick schweift…

Man sieht in den Spiegel, es sieht dich das Leben an…

Freude, Liebe, Leid, Trauer, Verzweiflung….

Doch es ist nicht da, nicht zu spüren…

Im Kopf ist es dumpf, traurig, melancholisch…

Alles ist kaputt…

Tränen tropfen auf den Tisch...

Das Spiegelbild verschwimmt, die Gedanken werden schwer!

Alles ist kaputt...

Maske des Harlekins

Der Nebel steigt auf, die Sonne wird fahl...

Die Stimmung ist traurig, die Gefühle irren durch den Kopf,

der Blick leer, arm, traurig...

Betrübt, dunkel, schwer ist die Gedankenwelt...

Zerrissen nicht in sich ruhend, unstet, angstvoll, zweifelnd...

Der Blick nach innen tut weh, ist verletzt!

Doch nach außen hat man die Maske, sie schützt,

man funktioniert, man lacht, man scherzt,

es läuft – schöner kann es nicht sein – glänzend, alles ist im

Lot!

Die Maske des Harlekins – sie ist da!

Die Maske des Harlekins verbirgt!

Die Maske des Harlekin Pierrot!

Die Maske

Sie schützt,

sie verbirgt,

sie lässt nichts nach außen…,

sie hat zwei Augen und blickt mich damit an…stechend,

fordernd, forschend, wahrheitsliebend, …

sie blickt in die Tiefe meiner Seele bohrend, verletzend…

Wie eine Fratze und doch ist sie da…

Ich ziehe sie auf, um zu funktionieren, um zu überleben…

denn das Gefühl meiner Seele ist in Aufruhr…nur keiner sieht

es –

sie schützt,

sie verbirgt,

sie lässt nichts nach außen!

Tod

Er begleitet uns, ist allgegenwärtig, doch verdrängen wir ihn.

Plötzlich kommt er und überschreitet die Schwelle, leise…

Man überbringt eine Nachricht und steht da und sieht…

Warum?

Warum ist ein Wort

Kinder benutzen es.

Lehrer benutzen es.

Wissenschaftler benutzen es.

Menschen benutzen es.

Man versucht sich in einer Antwort!

Nur keiner kann sie einem geben!

Warum?

Denn auf warum lässt sich keine gute Antwort geben!

Erfolg

Erfolg…was ist Erfolg?

Erfolg hat man, wenn man gefragt wird!

Erfolg ist, wenn Projekte entstehen!

Erfolg ist, wenn es läuft!

Ist es das?

Ist Erfolg nicht auch, dass es einem gut geht?

Ist Erfolg nicht auch für andere Menschen da zu sein?

Ist Erfolg nicht auch Gleichgewicht?

Für viele nicht!

Mir ist es egal – ich habe Erfolg erleben dürfen!

Ich weiß nicht wieso und warum!

Ich suche Frieden und innere Ruhe…da ist Erfolg nicht wichtig!

Schmerz

Ich blicke dir in die Augen.

Ich sehe den Schmerz.

Ich fühle deine Verletztheit, deine Hoffnungslosigkeit.

Ich merke deinen Kampf, deine Schwermut.

Ich erfahre meine Hilflosigkeit…

Ich spüre meine Ahnungslosigkeit…

Ich sehne mich dich in deine Arme zu schließen

Und dich zu beschützen…auch wenn ich schwach bin.

Ich will den schmerzlindern, dir Hoffnung geben!

… kann ich das?

Zerstört

Das Land liegt im Sonnenschein
Die Luft ist klar, Vögel singen, das Herz schwingt leicht-
Keine Wolke am Horizont, der Wind spielt mit den Blättern.
Friedlich schweift der Blick!

Leise hört man ein Grollen, am Horizont zeigen sich dunkle
Punkte,
eine Staubwolke weht herüber…
der Blick wird abgelenkt, das Gefühl spürt etwas!

Das Grollen wird stärker, es knallt, die Staubwolke wird
größer,
man sieht aus den Punkten Menschen werden,
die Vögel verstummen, der der Blick fokussiert sich!

Das Grollen ist da, Knallen wird zu Schüssen,
die Erde wird aufgewühlt, das Herz zieht sich zusammen,
Menschen schreien, kreischen…
der Blick sucht Schutz!

Das Grollen ist vorüber, die Luft ist voll Qualm,

die Erde ist zerwühlt, die Vögel sind still,

die Blätter sind nicht mehr da, man hört ein Wehklagen...

der Blick sucht Halt und findet ihn nicht!

Die Kälte des Todes liegt über dem Land...

Das Licht ist fahl,...das Herz verstummt

Der Blick ist gebrochen und leer und spürt die Nähe des

Todes!

Alles ist zerstört!

Schmerz und Schicksal!

Schmerz in der Seele.

Schmerz im Gefühl.

Schmerz im Gesicht.

Schmerz lässt sich nicht abstellen,

Schmerz brennt in der Seele.

Schmerz bedeutet Liebe, Trauer, Hass...

... und ist es ist das Schicksal, dass den Schmerz bestimmt...

... nichts ist bestimmt, das Schicksal bestimmt uns!

Das Spiel

Das Spiel des Lebens zieht Furchen ins Gesicht!

Das Spiel zeigt sich in Falten unter den Augen...!

Der Blick im Spiegel bildet es ab...!

Freude, Liebe, Leid alles ist zu sehen ...!

Das Spiel des Lebens zieht seine Furchen ins Gesicht!

Was ist es?

Ist es ein Gefühl – ist es das wofür ich es halte...

Ich weiß es nicht, es macht mich glücklich,

es macht mich traurig,

es macht mich stark,

es macht mich schwach,

es gehört zu mir, es ist einfach da!

Gerechtigkeit

Was ist Gerechtigkeit?

Gerechtigkeit heißt jemanden zu verurteilen?

Gerechtigkeit heißt aber auch zu kritisieren.

Gerechtigkeit heißt aber auch Kritik zu zu lassen.

Gerechtigkeit heißt Ehrlichkeit.

Gerechtigkeit heißt Offenheit.

Gerechtigkeit soll jedem wiederfahren!

Gerechtigkeit heißt Wahrheit.

Gerechtigkeit heißt teilen.

Gerechtigkeit heißt Lösen von Problemen!

Gerechtigkeit soll jedem wiederfahren!

Bedeutung

Worte beschreiben,

Worte erzählen,

Worte sind oft einfach, sie zeigen einen Weg...

Aber die wirkliche Bedeutung erfassen wir erst, wenn wir

fühlen!

Dann weinen wir,

dann lachen wir,

Denn dann haben wir begriffen!

Leise klopft der Wind an mein Fenster ... ich sehe zu den

Sternen

... sehe ein Licht ... sehe dein Gesicht!

Nichts Besinnliches

Kaleidoskop des Lebens. Alles bewegt sich auf Weihnachten
zu. Die schönste Zeit des Jahres wird einem suggeriert, in den
Medien, in der alltäglichen Welt. Sieht man sich die
Menschen aber an, so zieht man gestresste Gesichter,
hetzende Körper – nichts Besinnliches!
Abstoßend, denn es wird gekauft – mal was schenken, sich
etwas gönnen – nichts Besinnliches!
Die Fratzen werden angestrengter, die Zeit verrinnt, aber
keiner hält inne und sieht auf seine Mitmenschen, die Not,
die eigentlichen Dinge des Lebens – nichts Besinnliches!
Eher wird gestritten, gezankt, geflucht und nichts wird geteilt,
sondern verdoppelt – nichts Besinnliches!
Und am Ende der Zeit bleibt nichts als eine leere Hülle – wie
benutztes Geschenkpapier, kein schöner Gedanke, kein gutes
Gespräch, keine Liebe, kein Lachen – nichts Besinnliches!

Mein Geschenk

Das Schönste, was ich mir schenke ist ein Lächeln von
anderen Menschen – Ihnen Dank zu senden, Ihnen etwas von
mir zu geben!
Nicht irgendwann, sondern jetzt!
Wer gibt, bekommt … wer nimmt, kennt selten die Güte und
das Glück des Gebens und des damit verbundenen Lächelns!

Ein Streit

Ein Streit – er zeigt oft ein Ende und einen Anfang! Berührt er
Gefühle, so ist er wichtig, denn hier geht es um Verletzungen.
Manchmal sind diese Verletzungen alt und brechen wie ein
Vulkan hervor – nur ein kleiner Keim ist Auslöser für eine
Auseinandersetzung!
Sie ist wichtig um sich zu klären, um manchmal einen
Neuanfang zu wagen!
Das ist schwer, aber oft unausweichlich …

Liebe und Hass

Liebe ist Hass.

Hass ist Liebe!

Sie liegen dicht beieinander – warum?

Weil ich dich liebe …

Weil ich dich hasse …

Weil ich dir Nahe sein will …

Weil ich Nähe nicht ertrage …

Weil ich mit Dir sein will …

Weil ich nicht mit Dir sein will …!

Liebe ist Hass

Hass ist Liebe!

Danke für deine Liebe und deinen Hass, ich versuche beides
zu ertragen!

Wohin gehen wir?

Der Weg ist vorgezeichnet …

Der Weg ist bestimmt …

Der Weg ist immer ein vorwärts …

… es gibt nur einen Blick zurück …!

Der Weg ist immer eine Entscheidung …

… es gibt keine Lösung, kein richtig, kein falsch …

Der Weg besteht aus kleinen Schritten …

Der Weg besteht aus großen Schritten …

Der Weg verzeiht das Innehalten, warten …

Der Weg hat Hindernisse, die überwunden werden wollen,

denn es gibt keinen Halt … der nächste Schritt muss getan

werden … und jeder Schritt ist eine Prüfung!

Augen

Die Augen verraten mir vieles ...

Sie zeigen das Innerste, ...

Sie zeigen das wesentliche, ...

Sie zeigen das verletzliche, ...

Sie zeigen das verliebte, ...

Sie zeigen den Hass, ...

Sie zeigen die Trauer, ...

Sie zeigen die Sehnsucht, ...

Sie zeigen den Neid, ...

Sie zeigen die Lüge, ...

Sie zeigen die Wahrheit, ...

Sie zeigen die Furcht, ...

Sie zeigen die Liebe, ...

Die Augen, der Spiegel des Lebens ...!

Gefühlsachterbahn

Der Blick gleitet über das Spiegelbild…

Er sieht den ewig gleichen Körper, die Haare, den Bart,…

Er blickt sich an, verharrt kurz und fixiert…

Er sieht die Gefühle in sich aufsteigen…

Er weiß nicht, was sie bedeuten…

Liebe…

Zuneigung…

Freundschaft…

Er sieht die vertraute Umgebung, das was aufgebaut ist, …

Im Geiste das verborgene, das Wagnis, die Lust…

… der Körper strafft sich, ein Lächeln umspielt das Gesicht des

Harlekins!

Menschlichkeit – Angst – Terror

Sind wir human, ich glaube kaum...

Wir sind Egoisten...

Wir sind Populisten...

Es wird die Angst geschürt...

Es wird Schuld zugewiesen...

Es wird Meinung gemacht...

Macht die Augen auf!

Zeigt Mut!

Zeigt Courage und das nicht nur hinter vorgehaltener Hand,

sondern direkt!

Denn Menschlichkeit fängt beim Nächsten an!

Freiheit kann nur so gelingen!

Populismus und Egoismus ist der Tod ihrer!

Zeit

Was ist Zeit?

Zeit ist eine physikalisch messbare Größe!

Sagt der Physiker!

Zeit ist eine philosophische Betrachtung!

Sagt der Philosoph!

Zeit ist eine historische Betrachtung!

Sagt der Historiker!

Ist das Zeit wirklich?

Ist Zeit nicht für den Menschen?

Ist Zeit nicht Liebe?

Ist Zeit nicht Emotion?

Zeit ist also rational und irrational ...!

Sie schreitet fort und wir mit Ihr, wir sind endlich!   Was ist

Zeit?

Die Sanduhr des Lebens

Der Sand fällt unaufhörlich,

erst bildet er einen Kreis,

dann einen Hügel,

er rieselt dahin, der Hügel wird größer

man wird vom Baby zum Kind und vom Kinde zur Frau oder

Mann.

Der Sand fällt unaufhörlich,

der Hügel wird größer,

im anderen zeigt sich das wenige,

die Haare ergrauen, manchmal wird man weise!

Die Körner, sie fallen, …

es rieselt der Rest,

der Faden des Lebens zerreißt, der Sand ist hindurch,

der Herzschlag verstummt,

… die Sanduhr des Lebens, sie rinnt!

Zufall

Was will das Leben von mir?

Ich soll erfolgreich sein...

Ich soll ein Vater sein...

Ich soll ein Ehemann sein...

Ich blicke um mich, ich fühle nichts mehr, ich funktioniere nur noch!

...

Da passiert der Zufall und alles wird anders und keiner weiß warum?

Will das das Leben von mir?

Pierrot

Gefühl, Melancholie, Trauer, die Maske verpackt es. Keiner sieht es und doch ist es da.

Die Tränen, sie laufen im Inneren sie versiegen nicht. – Der Pierrot tanzt seinen ewigen Tanz.

Der ewige Tanz

Der ewige Tanz des Lebens steht da, ich bin von ihm verführt,

er ist da…

Jede Runde und in jedem Takt drehen wir uns weiter… immer

weiter!

Rundherum das Leben zieht vorbei und wir drehen uns

weiter…

Die Musik verklingt, der Tanz hört auf … der Blick verfängt

sich in der Ewigkeit!

Traurigkeit

Traurigkeit durchströmt meinen Körper,

sie lähmt die Gedanken, sie lähmt die Idee,

Traurigkeit lässt meine Tränen fließen,

sie fallen herab aus den Augen …

Traurigkeit trübt meinen Blick, denn ich weiß nicht wieso …

Traurigkeit hat mich erfasst und lässt mich nicht los.

Liebe

Liebe ist einzigartig sagt man, …

Liebe ist schön sagt man, …

Liebe ist beständig sagt man, …

Liebe ist Zuversicht sagt man, …

Nein, Liebe tut weh, …

Nein, Liebe vergeht, …

Nein, Liebe ist irrational, …

Nein, Liebe ist nicht ewig, …

Uns geht es gut?!

Man sagt uns geht es gut …

Wir haben alles, Luxus, Leben, Freude, …

Wir haben alles und leisten uns alles …

Haben wir das …?

Glaubt man der Zeitung, dem Fernsehen oder dem Internet,

dann ist es wohl so!

Sieht man aber genauer hin …

Dann haben wir keinen Luxus – das Leben ist anstrengend,

der Putz bröckelt von der Wand …

Nein, uns geht es gut, so sagt man …

Keine Kritik, keine Gedanken, …

Die Hände zerrissen, der Körper gebeugt, es geht uns gut, so

sagt man!

Der Mindestlohn in der Tasche, die Gedanken in der Ferne,

uns geht es gut, so sagt man.

Der Puppenspieler

Harlekin Pierrot ist auch etwas anderes, …

… er ist auch ein Puppenspieler,

… ein Puppenspieler – was ist das?

… er zieht an Fäden, wo es andere nicht können,

er zieht sie ohne Fäden,

… er weiß wo er sie ziehen muss und kann,

… er ist ein Meister im Ziehen dieser Fäden,

… alle lassen ihn gewähren,

… alle lieben es, dass er sie zieht,

… bloß Dank kommt keiner,

… denn er zieht Sie im Verborgenen!

… denn keiner weiß, dass er Sie zieht,

… denn keiner weiß, dass er es kann,

… denn alle lächeln und denken, wie gut Sie sind,

… denn keiner denkt, dass Harlekin Pierrot sie lenkt!

… er sieht es, er freut sich, er weiß, es gibt keinen Dank, er weiß, es wird erwartet!

… er ist eben Harlekin Pierrot, ein nichts und niemand, ein Puppenspieler, ein Spiegel,

… das ist seine Rolle, das ist sein Leben, unerkannt und still!

Das Herz

Was sagt mir mein Herz ...

Mein Herz schlägt wie ein Uhrwerk,

jeder Tag ein neuer Takt,

jede Nacht die gleiche Melodie,

jede Stunde wird gezählt,

jede Empfindung wird gefühlt,

Lieben, Leiden, Hassen, Trauern,

die Uhr des Lebens schlägt, ...

Was sagt mir mein Herz?

Ein Mensch

Ganz allein steht er da,

draußen in der Kälte,

keiner beachtet ihn,

die Menschen drumherum laufen umher,

keiner sieht ihn, er steht da!

Kriegstreiberei

Alle schreien, kreischen, fordern Veränderung!

Man weist sich Schuld zu, will mehr Sicherheit …

Man verdächtigt, man zweifelt, …

Man prüft nichts mehr und klagt … und postet in die Welt!

Man sagt Sicherheit kann nur durch Waffen geschaffen

werden, …

Vernunft ist etwas für Schwächlinge!

DAS IST ES!

NEIN – keiner spricht mehr miteinander,

keiner zeigt mehr Humanität, Intelligenz, Mut oder Courage

und

beginnt wirklich Lösungen zu finden!

FANGT an, habt Mut, zeigt, dass ihr Menschen seid und nicht

nur thumbe Toren!

DAS IST ES WIRKLICH!

WER ist stark?

Stark ist der, der Lösungen sucht!

Stark ist der, der seine Intelligenz einsetzt!

Stark ist der, der seine Schwäche zugibt!

Stark ist der, der Verantwortung übernehmen will!

Stark ist der, der zur richtigen Zeit eine klare Entscheidung

trifft!

Stark ist so mancher von dem man es nie glaubt!

Stark sein bedeutet aufrecht zu sein!

Stark sein bedeutet es Fehler zu haben!

Stark sein bedeutet es Fehler zuzulassen!

Stark sein bedeutet es zu verzeihen!

--- DAS IST WIRKLICHE STÄRKE!

Die neue Zeit

Zwei Pole bewegen sich aufeinander zu.

Interessen werden manifestiert, Herrschaftsgebiete

abgesteckt!

Säbelgerassel, markige Worte, weltabwendend – nicht

friedvoll, sondern:

Besorgniserregend, drohend …

Menschen spielen keine Rolle!

Humanität und Offenheit werden ersetzt durch Populismus

und Hetzerei!

Diese Zeiten sind NEU, liberal, sozial und menschlich sind sie

NICHT mehr!

Muss es sein?

Muss es sein, dass wir schwarz-weiß sehen?

Muss es sein, dass wir nichts sagen?

Muss es sein, dass wir den markigsten Sprüchen nachlaufen?

Muss es sein, dass wir uns entscheiden lassen?

Muss es sein, dass wir Meinungen nachplappern?

Muss es sein, dass wir Meinungen nachplappern?

Muss es sein, dass wir so bequem sind?

Muss es sein, dass wir so kritiklos sind?

NEIN, es muss ein, dass wir aufwachen und endlich anfangen
zu zeigen,

dass wir uns nicht beirren und beugen lassen!

Ein Blick

Ein Blick verzaubert die Welt.

Ein Blick macht die ganze Welt bunt.

Ein Blick zeigt Dir den weg.

Ein Blick bedeutet Geborgenheit.

Ein Blick verführt Dich zu großen Gefühlen.

Diese Blicke genießen wir und wollen sie immer wieder

erhalten!

Aber: häufig ist es so:

Ein Blick zeigt Zweifel.

Ein Blick zeigt Angst!

Ein Blick zeigt Resignation.

Ein Blick zeigt, wie schlecht es einem geht!

Diese Blicke wollen wir nicht und halten sie nicht aus, wir

vermeiden Sie!

Zusammen aber geben uns diese Blicke die Wahrheit der

Welt!

Wahnsinn

Der Wahnsinn des Alltags rauscht über uns. Blicke streifen

Menschen, Gedanken drehen sich, Gespräche laufen umher.

Man versucht sich zu sammeln – bloß schafft man es kaum,

denn der Wahnsinn des Alltags rauscht über uns.

Man versucht sich zu entreißen, aber man wird an die Wand

gedrückt, denn der Wahnsinn des Alltags rauscht über uns.

Doch dann plötzlich – alles stockt, steht still – wenn der

Wahnsinn des Alltags das Leben entreißt!

Torheit des Lebens

Ich bin ein Tor zu glauben, dass ich allmächtig: Meistens
passiert es durch Zufall, dass die Torheit anders bewertet
wird … .
Der Weg des Lebens zeigt uns was wir tun, wir wurden
gelenkt – auch Torheiten gehören dazu. Ohne sie wäre
manches ganz anders und selten so spannend.

Blitz der Liebe

Wie ein Gewitter durchzuckt es den Menschen – es passiert
selten geplant.
Da steht er, der Mensch und verkraftet den Einschlag schon
kaum!
Er starrt ungläubig ins Leere…
Er schüttelt sich und erfreut sich an dem Blitz1
Im Kopf ein unsägliches Glück!
Im Herz ein wahnsinniges Klopfen!
In den Adern das pochende Blut!
Der Blitz der Liebe schlägt zu!
Da nutzt es nicht ein Pierrot zu sein!

Ende einer Liebe

Man verliebt sich ...

Man liebt ...

Man but etwas auf ...

Man ist in Unrast und liebt es ...

Man ist unachtsam ....

Man entfernt sich ...

Man merkt es nicht ...

Man lebt und denkt: Es passiert nichts!

Man lebt nebeneinander ...

Man lebt ohne Zärtlichkeit ...

Man denkt man lebt in Kameradschaft ...

Man merkt nicht, wie die Liebe entschwindet ...

Man liebt nicht mehr ...

Man kämpft plötzlich nicht mehr ...

Die Liebe ist erloschen, es züngelt nichts mehr, die Flamme
der Liebe ist tot ...

Neu

Man sieht einen Menschen …

Man sieht in die Augen des Menschen …

Man hört, was er sagt, …

Man sieht, was er tut …

Man will seine Nähe …

Man hofft Ihn zu erreichen, …

Man genießt ihn …

Man liebt seinen Anblick …

Man liebt …

Es ist ein gutes Gefühl – NEU zu LIEBEN!

Gedanken einer Reise

Irgendwo über den Wolken – der Freiheit nahe!

Irgendwo zwischen den Kontinenten – der Freiheit nahe?

Irgendwo zwischen den Menschen – der Freiheit nahe!?

Irgendwo zwischen zwei Welten, das Leben – die Freiheit?

Irgendwo ist Sie die Freiheit, die Wahrheit - die Lösung!

Irgendwo … .im Nirgendwo!

Flug

Ich beobachte die Karte, zeigt sie die Route … ?

Im Kopf die Gedanken an die Liebste daheim …

Im Kopf die Gedanken an das beginnende Abenteuer …

Im Kopf die Gedanken an das, was kommen wird …

Ich beobachte die Karte, es zeigt sich die Route …

Im Kopf beginnt sich der Weg zu formen …

Im Kopf wird es klar …

Im Kopf ist die Lösung …

Ich beobachte die Karte, sie zeigt die Route!

Ich will ...

Dich, weil du es bist,

Dich, weil das Leben so kurz ist,

Dich, weil ich wieder Leben will,

Dich, weil ich wieder Lieben will,

Dich, weil uns nichts mehr trennen soll,

Dich, weil das Schicksal es so will,

Dich, weil ich DICH liebe!

Zukunft

Was ist Zukunft?

Zukunft ist das Leben.

Was ist Zukunft?

Zukunft ist die Liebe.

Was ist Zukunft?

Zukunft ist ein Traum.

Was ist Zukunft?

Zukunft ist eine Idee.

Was ist Zukunft?

Zukunft ist Zufall.

Wenn das alles Zukunft ist, dann habe ich Hoffnung!

Denn Hoffnung bestimmt die Zukunft und das Leben!

Schönheit des Lebens

Liebe durchströmt die Adern.

In den Ohren pulsiert das Blut …

Der Blick richtet sich in die Augen …

… und sucht darin die Tiefe, die Weite …

… er sieht bis auf den Grund und spürt ….

… Vertrauen,

Liebe,

Zuversicht,

Verständnis,

Leben,

Freude

… all das was die Schönheit des Lebens ausmacht!

Gefühl

Druck der Arme …

Blick in die Tiefe der Augen …

Eng umschlungen!

Intensiv …

… Herzschlag!

… pochender Puls!

… Erregung!

… suchende Lippen!

… streichelnde Hände!

… Hingabe!

… Zärtlichkeit!

… Ekstase!

… Leidenschaft!

All das ist ein Gefühl, das erlebt werden will,

das verstanden werden will,

all das spiegelt sich im Glück …

man schwebt, man schwelgt, man liebt!

NEIN: ICH LIEBE! ICH LEBE!

Spiegelbild

Ich blicke in den Spiegel – nichts erinnert an die Qualen des letzten Jahres …

… leuchtende Augen blicken mich an …

… leidenschaftlich sehen sie in die Welt …

… in Gedanken bei dem geliebten Menschen, der im Herzen ist …

… in den Adern das Blut pocht … Leidenschaft packt das Gehirn!

Ein Schauer durchfährt den Körper …

… das Spiegelbild strotzt vor Leben …

Endlich aus dem Tal, endlich wieder Leben!!

Was ist Glück?

Kann man Glück fassen?

Kann man Glück spüren?

Kann man Glück ermessen?

Manchmal kann man Glück fassen!

Manchmal kann man Glück spüren!

Manchmal kann man Glück ermessen!

Zeigt den Menschen, Was Glück ist,

zeigt den Menschen, was es heißt zu lieben!

Denn dann kommt das Glück auch zu Euch!

Lächelt!

Eine Kleinigkeit?!

Was ist eine Kleinigkeit?

Ein Lächeln!

Ein Händedruck!

Eine Umarmung!

Sind das Kleinigkeiten?

Nein – das sind alles Gesten, die uns das Glück zeigt!

Die Zahlen des Lebens

Man wird geboren … die erste Zahl ist das Geburtsdatum!

Man wird getauft, die zweite Zahl ist das Taufdatum!

Man glaubt und sammelt Daten …

Nur die wirklichen Zahlen sieht keiner –

Tage, die verrinnen, Tage die vergeudet werden, ohne

innezuhalten, an die Liebe zu denken,

an die Menschen, die man braucht!

Erst zum Schluss des Lebens sieht man diese Zahlen, wenn die

letzte Zahl herannaht!

Der Countdown

Sehnsucht bestimmt den neuen Gedanken –

Sehnsucht nach einem Menschen,

Ihm zu gehören,

Ihm sich zu versprechen,

Ihm unveränderlich bei zu stehen,

Ihm zwei Buchstaben zu schenken,

die alles verändern ...

die Tage bis dahin laufen zurück,

das Kaleidoskop an Eindrücken des Lebens bildet sich ab.

Die Aufregung steigt ... die Freude der Liebe ist da!

Ein Mensch

Der Mensch, der zu mir gehört …

Er sitzt mir gegenüber, er blickt mir in die Augen

in seinem Blick ist Liebe,

in seinem Blick ist Mut,

in seinem Blick ist Zuversicht,

in seinem Blick ist Vertrauen,

in seinem Blick ist Verständnis,

gemeinsam blicken wir ins Leben, die Zukunft,

unsere Blicken vereinigen sich,

wir blicken in die Seele des anderen, tauchen in den anderen

ein

und spüren die Zusammengehörigkeit, die Liebe, das

Zutrauen,

wir versinken in Ihm!

Abschied

Von manchen Menschen im Leben nimmt man Abschied, weil

man muss

man will

man sich nicht mehr sehen will –

all das mag sein, aber es sollte immer ein Platz im Herzen

bleiben,

es gab auch Momente die schön waren – die sollte man sich

bewahren!

Der Weg

Es ist ein kurzer Weg –

Es ist ein langer Weg, nur sehen kann man ihn nicht!

Es ist ein ebener Weg –

Es ist ein steiler Weg, nur spüren kann man ihn nicht!

Es ist ein leichter Weg –

Es ist ein schwieriger Weg, nur wissen kann man es nicht!

Es ist ein Weg, der immer Entscheidungen bedarf –

Er muss gegangen werden, jeder Schritt ist ein Schritt unseres

Weges – wir sehen ihn nicht!

Der Gedanke – die Gedanken

Die Gedanken kreisen …

Das Radio verkündet die Nachrichten,

die Gedanken, sie kreisen,

die Gedanken versuchen die Welt zu verstehen,

die Gedanken schaffen es nicht ein Ziel zu formulieren,

die Gedanken, sie kreisen …

der Kopf wird schwer von Gedanken –

Aufleuchten der Worte, es ist schwer sie zu ordnen ...

Die Gedanken, sie kreisen ...

ziellos im Kopf umher, kein Halt mehr für sie ...

das Chaos entfacht!

Toleranz

Gibt es noch Toleranz?

Gibt es noch Akzeptanz?

Gibt es noch Respekt?

Gibt es noch Liebe?

All diese Fragen, die Harlekin beschäftigen!

Ja, es gibt noch Toleranz, nur nicht mehr jetzt!

Ja, es gibt noch Akzeptanz, nur nicht mehr hier!

Ja, es gibt noch Respekt, nur nicht mehr bei uns!

Ja, es gibt noch Liebe, nur nicht zwischen den Menschen!

Es muss wieder mehr dieser Tugenden geben!

Macht endlich die Augen den Mund und die Ohren auf,

damit es wieder heißt:

Ja, es gibt noch Toleranz und zwar jetzt!

Ja, es gibt noch Akzeptanz und zwar hier!

Ja, es gibt noch Respekt und zwar bei uns!

Ja, es gibt noch Liebe und zwar zwischen den Menschen!

Dann beschäftigen diese Fragen Harlekin nicht mehr!

Sinn

Hat es Sinn zu kämpfen?

Hat es Sinn zu lieben?

Hat es Sinn zu hassen?

Hat es Sinn zu weinen?

Hat es Sinn zu lachen?

Hat es Sinn zu trauern?

Ja, es hat Sinn zu kämpfen!

Ja, es hat Sinn zu lieben!

Ja, es hat Sinn zu hassen!

Ja, es hat Sinn zu weinen!

Ja, es hat Sinn zu lachen!

Ja, es hat Sinn zu trauern!

Denn in jeder Frage steckt Sinn – Gefühl und Erwartung!

Mitmenschen

Sie schauen Dich an!

Sie beobachten Dich!

Sie kritisieren Dich!

Sie lachen Dich aus!

Oder

Sie leiden mit Dir!

Sie unterstützen Dich!

Sie helfen Dir!

Sie lachen mit Dir!

Sie sind respektvoll zu Dir!

Oder

Sie lieben Dich!

Sie halten Dich!

Sie sind einfach da!

Kind

Man sieht, wie es das Licht der Welt erblickt!

Man sieht, wie es die Welt entdeckt – die Augen suchend,

die Lippen die ersten Worte formend …

Man hört, wie es Fragen stellt …

Man sieht, wie es die ersten Schritte macht …

Man sieht, wie es sich ins Leben kämpft …

Man sieht die ersten blauen Flecken …

Man streitet mit ihm!

Man verzeiht Ihm!

Man sieht wie es erwachsen wird und das Gesicht erste

Konturen erhält!

Man liebt es, so wie es ist!

Entfernung

Etwas fehlt …

Man weiß nicht was …

Man sucht …

Etwas fehlt …

Man denkt und hat einen kurzen Gedanken!

Man sucht …

Etwas fehlt …

Man liebt …

Man sucht – und trotzdem weiß man, dass man geliebt wird!

Etwas fehlt …!

Gespräche – Gedanken

Alles, was ich sagen will - werde ich nie sagen werden!

Alles, was ich zu sagen habe – werde ich nie zu sagen haben!

Alles, was ich zu denken habe - werde ich denken!

Alles, was ich zu denken habe – werde ich denken müssen!

Ich werde sprechen und nichts sagen!

Ich werde denken und alles denken!

Denn im Denken bin ich frei – im Sprechen bin ich gefangen!

Gespräche

Sie drehen sich um nichts!

Sie drehen sich um alles!

Sie drehen sich um sich selbst!

Sie werden gedeutet – Sie werden missdeutet!

Da liegt die Gefahr – oder die Freiheit!

Lasst es uns entscheiden!

Harlekin Pierrot nutzt sie!

Wanderer im Sand

Ich wandere immer noch durch die Welten und zwischen den

Welten,

zornig, traurig, manchmal für Menschen zu direkt!

Liebend, glücklich, erfüllt!

---- Die Schritte im Sand sind schwer

Sandkörner im Wind verwehen die Spur!

Liebe bis zur Extase

Ich liebe tief!

Ich liebe innig!

Ich liebe wahnsinnig!

Ich liebe SIE!

Ich liebe sie sehr!

Ich liebe sie für mein Leben!

Ich liebe sie bis zur Extase!

Weil ich endlich wieder lieben kann und darf!

Wieder Wahrheit in Aussagen

Sagen Menschen, Politiker, die Wahrheit mein Freund!
Sie sagen die Wahrheit, so wie sie sie interpretieren!
Sie sprechen zu uns mit ihrer Wahrheit, die wir glauben
sollen!
Sie sprechen zu uns mit ihrer Wahrheit, di wir glauben
wollen!

…. Und wir, wir glauben!

Staub

Der Blick zerbricht, der Blick erstarrt – man sieht nichts mehr,
unendliche Weite, man merkt nichts mehr …
Die Augen zeigen kein Feuer mehr, die Emotionen sind nicht
mehr …
Die Hülle funktioniert,
das Herz schlägt,
die Gefühle sind nicht mehr, aber die Hülle funktioniert,
das Herz schlägt,
der Blick zerbricht, der Blick erstarrt – unendliche Weite …

Es wird kalt …

Die Hülle funktioniert,

das Herz schlägt, …

… Leere …

… Staub …

.. ENDE …

Das Gespenst

Da bist Du – wieder blickst du mich an – das Gespenst der Zukunft, das Gespenst der Gegenwart!

Wir können lernen, tun es aber nicht!

Warum?

Haben wir Angst vor den Ergebnissen?

Wollen wir es nicht …?

Können wir es nicht …?

Das Gespenst lacht, da es die Antwort kennt und es grinst höhnisch!

Wir geben uns der Zerstreuung hin, lieber klicken wir es weg, als uns damit zu befassen!

Das ist einfacher und tut nicht weh!

Da bist DU – wieder blickst du mich an – das Gespenst der Zukunft, das Gespenst der Gegenwart!

Wir müssen aufpassen, tu es aber nicht!

Warum?

Wir laufen lieber den Menschen hinterher, die laut sind!

Wir hinterfragen nicht, wir lassen sie gewähren, wir lassen ihnen Freiraum,

wir lassen Ihnen die Bühne!

Das Gespenst lacht, da es die Antwort kennt und grinst höhnisch!

Da bist DU – wieder blickst du mich an – das Gespenst der Zukunft, das Gespenst der Gegenwart!

Wir könnten das Gespenst austricksen ...

Wir tun es aber nicht, wir sind zu bequem, uns geht es zu gut!

Warum?

Wir sehen die Ergebnisse nicht!

Wir wollen SIE gar nicht sehen!

Das Gespenst lacht verachtend, es kennt uns, die Menschen aus der Vergangenheit!

Ignoranz

Menschen brauchen eine Bühne!

Manche ja – sie bestimmen uns – meistens negativ, selten positiv!

Die negativen Ideen nehmen Gestalt an … die positiven sind zu schwach!

Wir sind zu bequem uns zu wehren – wir nennen es Toleranz!

Ich nenne es Ignoranz!

Wir lassen es laufen, wir widersprechen nicht, wir kämpfen nicht!

Wir verleugnen unsere Ideale – wir machen sie uns nicht mal bewusst!

Bloß nicht, Verantwortung und Mut könnte gefährlich werden!

Wir merken nicht, dass Ignoranz viel gefährlicher ist!

Wüste

Wüste – ein Baum, ein Strauch, Sand wirbelt um meine Füße.

Sand, einzelne Körner, viele Körner, unendlich viele …

Die Zeit steht still und doch schreitet sie fort.

Der Sand rieselt, wie die Zeit, es wirkt unwirklich …!

Sand, wohin das Auge reicht, friedlich und doch gefährlich,

schön, ästhetisch, unwirklich, wirklich …!

Wüste!

Inhalt